중국도시 명함
第二册

중국도시 명함

第二册

主编 侯文玉·刘运同
编者 王思宇·王娟·刘寒蕾·夏维·张露
监修 裴宰奭

學古房

[中国国家汉办/孔子学院总部]"中韩语言、城市、文化"系列图书出版项目

韩国的中文教育体系比较成熟，中文教材也是种类繁多。但大多数教材都集中于入门级和中级，且多侧重于对话、语法及HSK辅导，一直缺少适合高级水平学习者使用的，兼具实用性、趣味性、文化性特色的高级汉语教材。为满足高水平学习者这一需求，庆熙大学孔子学院在开设《中国城市名片》课程的基础上编写了本教材。

教材共分两册，每册八课，每课主要包括以下几方面内容：

1. 导入：每课开头都会有AI导游先给学习者们做一个城市的总体介绍，具体包括该城市的基本情况、城市特色之最、当地的方言、美食和气候特征；个别跟韩国有渊源的城市还会有附加内容的补充介绍。

2. 对话：对话是课文的主体，主要围绕同济大学韩国留学生金俊成及其朋友或家人与AI小导的交流展开。对话内容涉及旅游行程安排、城市特色介绍和当地方言的展示等；对话之后的练习设置，主要是帮助学习者理解对话内容并能熟练运用本课的语法点及句型句式。

3. 阅读：阅读材料主要来自该城市的代表景点或独特的习俗介绍，要求学生具备一定的词汇量和阅读能力，但题型难度不大，多为简单的问答题。另外，阅读部分在材料的选择方面特别注重体现地域特色，有很强的文化属性和趣味性。

4. 综合练习：综合练习部分是本教材的创新之处，其编写体现了任务型教学法的原则。针对这一原则，该部分设置了旅行计划、演讲展示、学后思考三大类问题，旨在考察和提高学习者的语言输出能力、综合表达能力以及跨文化交际能力。

5. 城市链接：城市链接是每课的拓展部分，主要由能体现城市历史文化的俚语、儿歌或故事构成。通过课外延伸导读的方式，扩大学习者的阅读量，拓展学习者的视野，深度理解该城市的文化内核。

本教材具有以下几方面特色：

专门性：本教材为专门用途汉语教学用书，从主题、编排到课文内容、练习设计等都具有一定的针对性，主要适用于来华旅游前的准备阶段。

任务性：在综合练习部分的设置上体现了任务型教学法的原则。任务型教学法一般多用于教学设计，鲜少应用于教材。

实用性：在整体设计和内容编排方面紧紧围绕实用性这一原则，偏重于介绍该城市特色之最、饮食气候、名胜古迹、历史文化等，比较贴近现实生活。

趣味性：从开头标题的选择到AI导游的介绍再到阅读材料和最后的城市链接，尽可能地增加趣味性内容，以激发学习者学习兴趣。

全面性：注重语言知识与文化教学相结合，在保证每课一定量语言知识的基础上，增加了相应的文化内容，包括"历史传承"、"风土人情"、"城市建设与发展"、"生活与休闲"等等。

書川里

于庆熙大学孔子学院

2020年11月

한국에서의 중국어교육은 매우 성숙한 단계로 접어들었고, 시중에 매우 다양한 중국어 교재들이 출간되어 있다. 그러나 여전히 초·중급의 교재에 치중되어 있으며 내용적인 측면에도 대화, 문법 및 HSK시험에 집중되어 있다. 그렇다 보니 한국의 실정에 맞는 고급 수준의 학습자에게 필요한 실용성과 흥미성, 문화적 특색을 갖춘 고급 중국어 교재가 부족한 실정이다. 이에 본 교재는 고급 학습자를 위해 경희대 공자학원에서 개설한 '중국 도시 명함' 과정을 바탕으로 편찬하였다.

교재는 모두 두 권으로 나누어지며, 8개 과로 구성되어 있다. 각 과 구성과 내용은 다음과 같다.

1. 도입: 과목마다 AI 가이드가 학습자들에게 도시의 전반적인 내용을 소개한다. 구체적으로는 도시의 개황 및 중요한 정보, 현지의 방언과 음식, 기후의 특징 등을 포함하고, 한국과 인연이 있는 도시들은 내용을 추가하여 소개하였다.

2. 대화: 대화는 본문의 주요한 부분이며, 주로 동제대학교 한국인 유학생 김준성 씨와 친구 또는 가족과 AI 가이드의 교류를 바탕으로 이루어져있다. 대화의 내용은 여행 일정, 도시 특색 소개, 현지 사투리 소개 등이다. 연습문제도 추가로 구성되어 있는데, 학습자가 대화 내용을 이해하고, 본 과의 문법 및 문장 유형 및 구조를 능숙하게 익혀 구사할 수 있도록 도와준다.

3. 읽기: 읽기 자료는 도시의 대표 명소나 독특한 풍습을 바탕으로 하였다. 이는 학생들에게 일정한 어휘량과 읽기능력이 요구되나, 내용을 파악하는 문제는 어렵지 않은 비교적 간단한 문답형이다. 또한 읽기는 지역적 특성을 살린 문화와의 관련성이 높아 흥미롭다.

4. 종합연습: 종합연습 부분은 본 교재의 혁신적인 부분으로, 과업 중심 교수법의 원칙을 반영하여 작성하였다. 본 과업 중심 교수법 원칙은 여행계획, 강연 전시, 학습 후 사고의

3개 범주에 대한 질문으로 학습자의 언어 표출 능력 및 종합적인 표현력, 문화 간의 의사소통 능력을 고찰하고 향상시키도록 돕는다.

5. 도시 링크: 도시 링크는 각 과의 내용에서 확장되는 부분으로, 주로 도시의 역사 문화를 보여주는 비속어, 동요, 이야기 등으로 구성되어 있다. 이는 수업내용을 연장하는 방식으로서 학습자의 독서량을 늘리고 시야를 넓혀주며, 각 도시의 문화와 관련된 핵심 내용을 깊이 이해하도록 설계되었다.

본 교재는 다음과 같은 몇 가지 특색을 가지고 있다.

1. 전문성: 본 교재는 특수 목적을 가진 중국어 교재에 속한다. 주제의 선택부터 편성, 본문 내용, 연습문제 설계까지 모두 맞춤형이고, 특히 중국으로 여행 가기 전 준비단계에서 활용될 수 있다.

2. 과업 중심: 과업 중심 교수법은 일반적으로 수업 설계에 많이 쓰이고 교재에는 흔히 사용하지 않지만, 본 교재는 학습에 도움이 되도록 과업 중심 교수법 원칙을 반영하여 종합 연습문제 부분을 설계하였다.

3. 실용성: 본 교재는 전체적인 설계와 내용 편성에 있어 실용성의 원칙을 지키고 있다. 실생활에 밀접하게 관련된 각 도시만의 특색, 음식, 기후, 명승고적, 역사문화 등을 집중하여 소개하고 있다.

4. 흥미성: 제목의 선택부터 AI 가이드의 소개와 함께하는 읽기 자료와 마지막 도시 링크까지 가능한 한 흥미 있는 내용을 추가해 학습자의 흥미를 유발하도록 하였다.

5. 포괄적: 이 교재는 언어 지식과 문화교육의 결합을 중시하고, 매 과의 언어 지식을 위한 학습의 내용을 일정량 확보하면서 '역사 전승', '도시의 특색과 풍습', '도시건설과 발전', '생활과 여가' 등의 문화 콘텐츠를 추가하였다.

書川里

경희대학교 공자학원에서

2020년 11월

第七课 "春城"昆明

第八课 "山水甲天下"桂林

第一课

"首都"北京

导入

大家好，我是AI机器人导游，我的名字叫小丫xiǎo yā (北京话：小姑娘的意思)，你们可以叫我"丫丫"yāyā。今天由我和大家一起游览北京、了解北京。首先我来给大家介绍下北京概况。

来源_https://699pic.com

北京简称"京"，是中华人民共和国的首都，是全国的政治中心、文化中心，是世界著名古都和现代化国际城市。北京历史悠久，文化灿烂，是中国四大古都之一和世界上拥有世界文化遗产数最多的城市。今日的北京，更是已发展成为一座现代化的国际大都市，它以古老又时尚的全新面貌，迎接每年超过1亿4700万的旅客。

下面让我们用数字来认识下北京

- 人口：2153.6万人(2019)
- 面积：16410.5平方千米
- 辖区：16个区
- 生产总值(GDP)：35371.3亿元(2019)
- 平均气温：11~13度
- 高等院校：91所

北京不仅是有着悠久历史的中国首都，而且是一个现代化的城市。下面让丫丫再用几个北京之最来介绍下北京：

1. 万里长城
   世界上修建时间最长的国家军事性防御工程，全长大约6700公里，通称"万里长城"。

2. 故宫博物院
   世界上规模最大、保存最完整的帝王宫殿建筑群。

3. 天坛
   世界上最大的祭天建筑群，是明、清两代皇帝"祭天"和"祈谷"的地方。

4. 颐和园长廊

中国园林中最长的走廊，在万寿山南麓和昆明湖北岸之间，全长728米。

5. 三庙街胡同

北京最古老的胡同，已有900年的历史。因这条胡同里共建有3座关帝庙，因此得名。

看了这些是不是很想感受一下北京的古城风韵？下面让我们再来了解下北京的方言和美食。

1. 北京话

北京话属于北京方言的一种，但跟普通话存在一些差别。

2. 北京菜

北京菜，又称京帮菜，是在北方菜的基础上，兼收全国各地的饮食风味而自成一体的菜系，至今已有一千多年的历史。烹调方法多以油爆、盐爆、烤、涮等烹调方法为见长。口味以咸、甜、酸、辣、糟香、酱香为特色。

3. 北京气候特征

北京属温带季风气候，四季分明。春季干旱，夏季炎热多雨，秋季天高气爽，冬季寒冷干燥。

※ 在北京韩国人居住最多的地方就是五道口和望京了。因为北京五道口旁边有语言大学，所以韩国留学生多。望京被称为"韩国城"，常住人口超过10万。

金俊成　丫丫你好，听说你对北京很熟悉。我想暑假去北京旅游。

丫　丫　没问题。你想怎么去北京？坐飞机还是高铁？

金俊成　你有什么好建议？

丫　丫　从上海到北京坐高铁很方便，5、6个小时就到了。

金俊成　那太好了。你觉得北京有哪些地方好玩儿？

丫　丫　北京好玩的地方很多。您对什么感兴趣？

金俊成　我对北京的文化、历史很感兴趣。给我推荐一下具有文化、历史特色的景点吧。

丫　丫　您准备在北京玩几天？

金俊成　大概一周的时间。

丫　丫　那时间还比较充裕。北京一定要去的地方就是故宫和长城了。故宫是北京的标志建筑之一，保存完好的明清皇宫，里面的文物藏品无数，值得一去。

金俊成　我知道"不到长城非好汉"，所以我一定要去一趟长城。

丫　丫　是啊，到了北京就一定要去长城看看。

金俊成　但是具体不知道怎么去。

丫　丫　没问题，我会帮你设计合理的路线。

金俊成　太谢谢你了。

丫丫　不客气。详细资料我一会儿发到你的微信里，不清楚的地方随时问我。

金俊成　好的。回见。

一、听对话，了解重点：

　　1. 金俊成暑假要去哪里旅游？

　　2. AI小导给金俊城推荐去哪些地方？

　　3. "不到长城非好汉"是什么意思？

二、如何使用下列表达：

　　1. 听说你对北京很熟悉。

　　2. 坐飞机还是高铁？

　　3. 故宫是北京的标志建筑之一。

国子监

北京位于北京市东城区，始建于元成宗大德十年(1306年)，是中国元、明、清三代国家管理教育的最高行政机关和国家设立的最高学府。北京国子监坐落于安定门内国子监街上，与国子监一墙之隔的东侧是北京孔庙。

除了华美的琉璃牌坊，国子监最有价值的就是十三经刻石碑。十三经刻石碑共190座，现珍藏于国子监与孔庙的夹道内。这些石经包括《周易》、《尚书》、《诗经》、《周礼》、《仪礼》、《礼记》、《春秋左传》、《论语》、《孝经》、《孟子》、《尔雅》等十三部儒家经典，计63万多字，为我国仅存的一部最完整的十三经刻石。石经由蒋衡书写，自雍正四年(1726)开始，到乾隆二年(1737)始完成，历时十二年。

在国子监你会发现，在国子监街和国子监内种植了很多槐树。这是因为，在中国槐树被看作是栋梁之材，在国子监里广植槐树，喻示着监生们(大学生)可以考中高官之意。

回答问题

1. 国子监是一个什么地方？

2. 国子监最有价值的文物是什么？

3. 为什么在国子监种植槐树？

综合练习

一、旅行计划

　　学完本课内容是不是想去北京旅行呢？如果你有机会去北京，都想去哪些地方？你将怎么计划自己的旅行？请完成下面的表格。

北京旅行计划

地点	旅行计划

二、演讲展示

找一处你感兴趣的北京地标或者场所，写一个简明的介绍，字数300-600字，并制作PPT在班级演讲展示。时间为15-20分钟。

例如：故宫、长城、颐和园等

三、思考问题

1. 通过本课的学习，你认为北京是一座怎样的城市？

2. 无论国内还是国外，你所了解的城市当中有和"北京"相似的吗？
   请介绍一下。

一、老北京涮火锅

涮羊肉是一种流行于北京及其周边地区的传统火锅，因食材主要以羊肉为主，故而得名。实际上，传统涮羊肉也讲究白菜、豆腐、粉丝等几类羊肉以外的食材。现代也开始将牛肉片作为涮羊肉的一种食材。

北京人的讲究，是出了名的。特别是在吃饭方面。这是三朝古都留下的印记，也是一种不将就的生活态度。而老北京的涮肉，讲究的就是个"清汤涮肉，麻酱料碗"。与重油重辣的川渝火锅不同，老北京涮羊肉用的是白开水，两三片姜片、葱段、香菇、枸杞、大枣，便是锅底的全部内容。越是优质的羊肉，越需要简单到极致的清汤，更能体现肉质本身的鲜美。清汤的淡，羊肉的鲜，二者不争不抢，和谐统一，这是一种中国式的美食智慧。

二、门当户对

"门当户对"是社会观念中衡量男婚女嫁条件的一个成语，一般是指双方经济、地位、学历、年龄等各方面的条件和能力都差不多。但你知道"门当户对"最初是古民居建筑中大门建筑的组成部分吗？在北京的一些老胡同里还可以寻觅到它们的踪影。

"门当"原本是指在大门前左右两侧相对而置的一对呈扁形的石墩

或石鼓；"户对"则是指位于门楣上方或门楣两侧的圆柱形木雕或雕砖，由于这种木雕或砖雕位于门户之上，且为双数，有的是一对两个，有的是两对四个，所以称为户对。

门当、户对常常被同呼并称。又因为门当、户对上往往雕刻有适合主人身份的图案，且门当的大小、户对的多少又标志着宅第主人家财势的大小。所以，门当和户对除了有镇宅装饰的作用，还是宅第主人身份、地位、家境的重要标志。

来源_作者摄影

第二课

"古都"西安

AI 导游

大家好，我是AI机器人导游，你们可以叫我"妮子"。金俊成和他的朋友李民准备来西安旅游。西安是一座文化古城，不知大家对此是否了解。那么，在游览之前，我先给大家介绍下西安的大概情况吧。

西安简称"镐"，位于中国关中平原中部，是关中平原城市群核心城市，是中国特大城市之一。西安还是中华文明和中华民族重要发祥地之一，1981年被联合国教科文组织确定为"世界历史名城"。

下面让我们用数字来认识下西安

- 人口：1020.35万人(2019)
- 总面积：10752平方千米
- 辖区：11个区、2个县
- 生产总值(GDP)：9321.19亿元(2019)
- 年平均气温：13.0~13.7度
- 高等院校：75所

西安不仅是世界历史名城，也是一座具有历史文化特色的国际化大都市，下面让妮子再用几个西安之最来介绍下：

1. 西安古城墙

   中国现存规模最大的古代城垣。

2. 西安大唐不夜城

   总占地面积967亩，建筑面积65万平方米，是亚洲最大的观景步行街。

3. 西安秦岭国家植物园

   总面积639平方公里，是世界最大植物园。

4. 法门寺地宫

   世界上迄今为止发现的年代最久远、规模最大、等级最高的佛塔地宫，是世界第九大奇迹。

5. 西安北站

占地面积53.3万平方米，是亚洲最大的火车站。

　　看到这里大家是不是已经被西安的魅力所吸引？下面让我们再来了解下西安的方言、美食和气候特征。

1. 西安话

西安话是中原官话之一，唐代等朝代都以关中地区为都城，关中方言是当时中国的官话，被称为雅言。

2. 西安菜

西安菜以西北风味的面食为主。西安饮食最大的特点是多样性、丰富性和庞杂性，南甜北咸、东辣西酸在西安都能品尝到，并被人们喜爱。

3. 西安气候特征：

西安属于暖温带半湿润大陆性季风气候。四季分明，春季温暖干燥，夏季炎热多雨，秋季凉爽，冬季寒冷多雾。

※ 2012年韩国三星电子正式宣布落户西安。这是三星电子海外投资历史上规模最大的项目，也是中国改革开放以来国内电子信息行业最大外商投资项目。

金俊成 哇！我终于到西安啦。李民，谢谢你能陪我一起来旅游。

李　民 虽然我是中国人，但是我也没有来过西安，这也是我神往已久的地方。

金俊成 到了西安，就像走进了历史，有种穿越的感觉。

李　民 是的，西安是个奇特的地方。在庄严的古建筑周围是热闹非凡的现代生活。它把历史和现代融合在一起，是古老与现代文明交相辉映的城市。

金俊成 让妮子为我们设计一下旅游路线。

李　民 好的。

金俊成 妮子，西安除了秦始皇陵、古城墙以外，还有什么地方值得参观？

妮　子 西安作为著名历史古都，是一个文化气氛十分深厚的大城市。此外来西安旅游还一定要品味一下西安的美食，大街小巷的西安小吃美味可口，让你流连忘返。

金俊成 既然这样，那我们就先去喂饱肚子再启程吧。妮子，你说说西安有名的小吃都有哪些？

妮　子 种类太多了，数不胜数。西安小吃以面食为主，如肉夹馍、羊肉泡馍、还有各式各样的面条。

金俊成 李民，这是幅画吗？

李　民 这个呀，是个字，但是汉语字典里查不到。这个字念"biáng"，叫"biángbiáng面"。

金俊成　汉字太神奇了，这个字怎么能写出来呢？太复杂了。我们还是进去尝尝吧。(⋯⋯)

金俊成　biángbiáng面太好吃了，红红的油泼辣子让人食欲大开，宽宽的面条口感柔软顺滑，有嚼劲还入味。吃饱喝足后我们去哪儿呢？

妮　子　大家现在有力气了，我们可以去西安城墙上转转，领略一下古都风光。要是走路的话有点远，我们可以租个自行车。

金俊成　不错不错。

妮　子　站在城墙上，两侧是完全不同的风景，墙内是古建筑，秦砖汉瓦，古朴神奇；墙外是高楼大厦，现代文明。

金俊成　西安真是充满神奇和活力的地方，这就是千年古都西安独特的魅力吧！

练习

一、听对话，了解重点

　　1. 金俊成跟谁去旅游？

　　2. AI小导给他推荐去哪些地方？

　　3. 西安的特色小吃有哪些？

二、如何使用下列表达

　　1.虽然我是中国人，但是我也没有来过西安。

　　2.西安除了秦始皇陵、古城墙以外还有什么地方值得参观？

　　3.既然这样，那我们就先去喂饱肚子再启程吧。

秦始皇兵马俑

秦始皇兵马俑简称秦俑，1987年被列入《世界遗产名录》。兵马俑属于古代墓葬雕塑，是制成兵马(战车、战马、士兵)形状的殉葬品。它位于西安市临潼区。

秦始皇兵马俑陪葬坑座西向东，三坑呈品字形排列。最早发现的1号坑有8000多兵马俑，左右两侧各有一个兵马俑坑，分别是2号坑和3号坑。

兵马俑从身份上分为军吏和士兵。根据等级的不同他们的铠甲也有区别。兵俑包括步兵、骑兵、车兵三类。

刚出土的时候兵马俑还有鲜艳的彩绘，但是在出土的过程中因为氧化颜色瞬间逝去。现在只能看到残留的彩绘痕迹。

兵马俑被誉为"世界第八大奇迹"、"人类古代精神文明的瑰宝"。除了极高的艺术价值，它还为研究公元前二世纪秦代的军事、政治、经济、文化、科学和艺术等提供了极为珍贵的实物材料。

回答问题

1. 兵马俑是用来干什么的？

2. 兵马俑刚出土时是什么颜色？

3. 兵马俑有什么价值？

综合练习

一、旅行计划

学完本课内容是不是想去西安旅行呢？如果你有机会去西安，都想去哪些地方？你将怎么计划自己的旅行？请完成下面的表格。

西安旅行计划

地点	旅行计划

二、演讲展示

找一处你感兴趣的西安地标或者场所，写一个简明的介绍，字数300-600字，并制作PPT在班级演讲展示。时间为15-20分钟。

例如：西安大唐芙蓉园、华清宫、大雁塔、西安城垣等

三、思考问题

1. 通过本课的学习，你认为西安是一座怎样的城市？

2. 无论国内还是国外，你所了解的城市当中有和"西安"相似的吗？
   请介绍一下。

城市链接

一、西安童谣

一点飞上天，

黄河两道湾，

八字大张口，

言字往里走，

你一扭，我一扭；

你一长，我一长；

当中加个马大王，

心字底月字旁，

留个钩搭挂麻糖，

推个车车逛咸阳。

二、羊肉泡馍

"羊肉泡馍"古称"羊羹"，是西安的一道传统美食。烹制精细，味醇汤浓，肉烂，肥而不腻，暖胃耐饥，食后回味无穷。

传说，"羊羹"在公元前11世纪西周时曾被列为国王、诸侯的"礼馔"。据《宋书》记载，南北朝时，毛修之因为向宋武帝献上"牛羊羹"这一美食，武帝竟封其为太官史，后又升为尚书光禄大夫。

相传，大宋赵匡胤未称帝之前穷困潦倒，曾困于长安。饥饿难耐时来到一家店铺讨饭吃。这家店铺正在煮制牛羊肉，掌柜见其可怜，就把剩下的烧饼给了他。可是饼太硬了，店主就把饼掰碎，然后给他浇了一勺滚热肉汤放在火上煮透。赵匡胤食后，浑身发热，精神大振，觉着这是天下最好吃的美食。后来，赵匡胤黄袍加身，做了皇帝，但仍对当年的牛羊肉煮馍念念不忘。一次，巡察至长安，便同大臣们专门来到这家店铺。店家见皇上驾到，既惊喜又惶恐。吃完这热气腾腾、香味四溢的羊肉泡馍，赵匡胤立刻找到了当年的感觉，全身舒畅，当即赏赐了店家。皇上吃泡馍的故事一经传开，牛羊肉泡馍便成了长安街上的著名小吃。由于生意兴隆，店小二来不及给客人掰馍，于是改为客人自己掰馍，此法一直流传至今。

经过不断地发展，"泡馍"已在色、香、味、形等各方面有了很大改进和提高，成为一道上至达官显贵，下至黎民百姓都喜食不厌的绝佳美食。

北宋大文学家苏东坡曾有"陇馔有熊腊，秦烹唯羊羹"的赞美诗名。羊肉泡馍这一滋味独特的美食，就像一首脍炙人口的古诗一样，总是让人忘不了。

美味的羊肉泡馍不断地出现在陕西历史与文学作品中，或许还因占了皇帝的龙威，因而被誉为"天下第一碗"。成立于1920年的西安同盛祥的羊(牛)肉泡馍的制作技艺还被列入第二批国家级非物质文化遗产名录。

来源_百度图片

第三课

"神都"洛阳

导入

大家好，我是AI机器人导游，你们可以叫我"二妮儿"(洛阳话：女孩在家排行老二的意思)。金俊成和他的朋友们一起来洛阳旅游。作为千年帝都、牡丹花城以及华夏文明的发祥地，大家对洛阳了解多少呢？那么，我先来给大家介绍一下吧。

洛阳简称"洛"，位于河南省的西部，黄河中下游，是中原文化的发源地。洛阳还是隋唐大运河的中心，有二里头遗址、偃师商城遗址、周王城遗址、汉魏洛阳城遗址和隋唐洛阳城遗址等五大都城遗址形成了"五都贯洛"的世界都城奇观。

下面让我们用数字来认识下洛阳

- 人口：717.02万人(2019)
- 总面积：15230平方千米
- 辖区：6个区、1个县级市、8个县
- 生产总值(GDP)：5034.9亿元(2019)
- 年均气温：15度
- 高等院校：

洛阳不仅是中国四大古都之一、世界文化名城，还是一座有着"洛阳牡丹甲天下"之称的牡丹花城。下面让二妮儿再用几个洛阳之最来介绍下：

1. 龙门石窟
   中国古代规模最大的石刻艺术宝库。
2. 白马寺
   中国最早的佛教寺院。
3. 辟雍碑
   中国古代关于大学教育的最大碑刻。

4. 邙山

   世界最大的墓葬群。

5. 洛阳古墓博物馆

   世界最大的古墓葬博物馆。

　　看到这里大家是不是已经迫不及待想来洛阳看看了？下面让我们再来了解下洛阳的方言、美食和气候特征。

1. 洛阳话

   洛阳话是中原地区的官话。作为多朝古都的洛阳，洛阳话也曾经是古代的普通话。在古音韵学研究上有重要的参考价值。

2. 洛阳菜

   洛阳菜属于豫菜系(河南简称"豫")，总体口味较重，偏咸偏辣。汤品种类繁多，洛阳水席、不翻汤、羊肉汤等都是代表菜。

3. 洛阳气候特征

   洛阳属于暖温带大陆性季风气候。春季干燥多风，夏季炎热多雨，秋季温和，冬季寒冷、雨雪稀少。

对话

金俊成 您好，二妮儿。

二妮儿 您好，金先生。欢迎来到"神都"洛阳！

金俊成 前段时间我们刚去过西安，同样是历史古城，洛阳和西安有什么不同呢？

二妮儿 洛阳和西安被誉为东西二京，相辅相成。洛阳作为夏王朝的都城所在地，要早于西安成为华夏文明的核心。一会儿我们要去参观的二里头遗址，那里就是距今有3800-3500年左右的夏代都城遗址。从中国第一个王朝夏朝开始，先后有商朝、西周、东周、东汉、隋朝、唐朝、后晋等十三个王朝在洛阳建都，拥有1500多年建都史，因此有"千年帝都"之称。当然要说强盛，作为中国封建社会鼎盛时期的唐朝首都——西安更胜一筹。

金俊成 原来只知道洛阳和西安都是古都，没想到还有这么多不同，真是各有千秋啊！

二妮儿 洛阳还是佛都。中国第一古刹"白马寺"是佛教传入中国后兴建的第一座官办寺院。

金俊成 听说还有非常有名的"龙门石窟"，我们也想去看看。

二妮儿 龙门石窟当然是我们必看的宝藏景点。其中西山石窟的卢舍那大佛是依照武则天的形象雕刻的，是龙门石窟中艺术水平最高、规模最大的一座造像。

金俊成 那一定要去欣赏一下！

二妮儿 之后我们还可以去看看关林，那是埋葬三国名将关羽首级之地。

金俊成 我小时候就看过韩语版的三国志，非常喜欢关羽。

二妮儿 说了半天的景点，也累了。接下来我给大家推荐一下洛阳的美食。洛阳素有"入洛不喝汤，枉到神都走一趟"之说。

金俊成 洛阳人都喜欢喝汤吗？

二妮儿 羊肉汤、牛肉汤、驴肉汤、不翻汤……种类繁多。洛阳雨水较少，为抵御干燥寒冷的天气，饮食多以汤类为主。有名的水席共24道菜，也是汤菜。

金俊成 那我们得好好品尝一下。

二妮儿 现在正好是四月份，"洛阳牡丹甲天下"，来洛阳一定不要错过牡丹。

金俊成 这次旅游从视觉到味觉都会得到满足。

练习

一、听对话，了解重点：

1. 洛阳和西安的不同点是什么？

2. AI小导给金俊成推荐去哪些地方？

3. 洛阳的特色饮食有哪些？

二、如何使用下列表达：

1. 洛阳和西安被誉为东西二京，相辅相成。

2. 原来只知道洛阳和西安都是古都，没想到还有这么多不同。

3. 说了半天的景点，也累了。接下来我给大家推荐一下洛阳的美食。

龙门石窟

洛阳龙门石窟是世界上造像最多、规模最大的石窟，是世界文化遗产、全国重点文物保护单位、国家AAAAA级旅游景区。被联合国科教文组织评为"中国石刻艺术的最高峰"。

龙门石窟开始于北魏，唐朝为鼎盛时期，一直到清末年间。共历经10多个朝代，长达1400多年，是世界上营造时间最长的石窟。鱼跃龙门的传说就是发生在这里。

景区分为西山石窟、东山石窟、香山寺和白园四个景点。西山石窟为核心景点，卢舍那大佛是核心的核心。卢舍那大佛以武则天的形象作为雕刻原本，被国外游客誉为"东方蒙娜丽莎"、"世界最美雕像"。

龙门石窟还是中国古碑刻最多的地方，有古碑林之称。

龙门石窟受到人为盗凿、自然风化破坏十分严重。建国以来，有关部门一直采用各种办法和途径对其进行修缮保护。

回答问题

1. 龙门石窟开凿于什么年代？

2. 龙门石窟由哪几个景区组成？

3. 卢舍那大佛被称为什么

一、旅行计划

学完本课内容是不是想去洛阳旅行呢？如果你有机会去洛阳，都想去哪些地方？你将怎么计划自己的旅行？请完成下面的表格。

洛阳旅行计划

地点	旅行计划

二、演讲展示

找一处你感兴趣的洛阳地标或者场所，写一个简明的介绍，字数300-600字，并制作PPT在班级演讲展示。时间为15-20分钟。

例如：白马寺，关林，白云山，洛阳老城等

三、思考问题

1. 通过本课的学习，你认为洛阳是一座怎样的城市？

2. 无论国内还是国外，你所了解的城市当中有和"洛阳"相似的吗？
   请介绍一下。

一、洛阳老君山

　　老君山位于洛阳市栾川县，古称"景室山"，因道教始祖老子归隐修炼于此山而得名，因此老子文化和道家文化在老君山地区影响很深，老君山也成为中原山水文化的杰出代表。现为世界地质公园，国家AAAAA级旅游景区，国家级自然保护区。

　　老君山距今已有两千多年的人文历史，是道教中历史最长的山脉。被称为"天下无双圣境，世界第一仙山"。"一山有四季，十里不同天。君山北麓冰未消，伊水之阳花艳艳"这是老君山的生动写照。

　　老君山先后开发了道教文化区和以欣赏飞瀑流泉为主题的生态观光区两大旅游区域。"山不在高，有仙则名"。老君庙、灵官殿、淋醋殿、道德府等景点，古朴凝重，香火旺盛，一直是中国北方各省道教信众的拜谒圣地。马鬃岭南侧有三千余亩石林景观对游人开放，被地质学者称为"北国石林"。

　　北魏时期建老君庙作为纪念。贞观十一年(637年)，唐太宗重修景室山铁顶老君庙，赐名"老君山"。万历三十一年(1603年)，明神宗诏谕为"天下名山"，成为历史上唯一被皇封为"天下名山"的中国山脉。

　　老君山空气清新，风景优美，云雾缭绕，感觉就像仙境一般！

二、洛阳燕菜的由来

唐代武则天年间，洛阳城关下园村长出一棵特大白萝卜，长有三尺，百姓们很惊奇，视为"祥瑞"而敬献进宫。御厨们反复琢磨，将萝卜配以山珍海味烹制成御膳风味的汤菜。女皇品尝之后，赞其清醇爽口，因其酷似燕窝丝，当即赐名为"假燕菜"。上有所好，下必甚焉。女皇的喜好影响了一大批贵族、官僚以及民间的百姓们，他们在设宴时都要把"假燕菜"作为宴席头道菜，即使在没有萝卜的季节，也想法用其他蔬菜来代替。后来，人们把"假"字去掉，简称"燕菜"。随着历史的变迁和历代厨师的辛勤研制创新，"燕菜"日臻完善，其味道酸辣鲜香，汤清口爽、营养丰富，成了洛阳传统名菜，流传至今。

来源_百度图片

第四课

"江城"武汉

导入

大家好，我是AI机器人导游，这次我变身武汉人，你们可以叫我"伢"ŋa213(武汉话：男孩的意思)。这次金俊成要和中国朋友李一凡一起游览"江城"武汉，为了让大家能更好地进行游览，我先介绍一下武汉吧。

武汉，简称汉，别称江城，是湖北省省会，世界第三大河长江及其最大支流汉江在城中交汇，形成武汉三镇(武昌、汉口、汉阳)隔江鼎立的格局。武汉素有"九省通衢"之称，是中国内陆最大的水陆空交通枢纽和长江中游航运中心，是华中地区唯一可直航全球五大洲的城市。

下面让我们用数字来认识下武汉

- 人口：1121.20万人(2019)
- 面积：8569.15平方千米
- 辖区：13个区
- 生产总值(GDP)：16223.21亿元(2019)
- 年均气温：17.5度
- 高等院校：84所

武汉是中国中部的重点城市，同时也是交通枢纽，文教中心。下面让小导再用几个武汉之最来介绍下武汉：

1. 武汉绿地中心

   将于2020年底竣工，设计高度达636米，建成后将超越"上海中心"，成为中国第一高楼。

2. 在校大学生人数世界第一

   共拥有130万在校大学生，武汉是全世界大学生人数最多的城市。

3. 楚河汉街

   汉街是楚河南岸一条1.5公里长的步行街。总面积为21万平方米，是世界最长的步行街。

4. 汉口江滩公园

长达6.2公里，面积达150万平方米，是目前中国最大的休闲广场。

5. 武汉站

是亚洲规模最大的高铁站，是我国第一个上部大型建筑与下部桥梁共同作用的新型结构火车站。

看了这些大家是不是被武汉丰富多样的城市面貌所吸引呢？下面让我们再来了解下武汉的方言和美食。

1. 武汉话

武汉话，属于北方方言。是流行于湖北省武汉市中心城区及其毗连地区的地方方言。

2. 武汉菜

武汉菜秉承湖北菜系风格，汇聚东西南北精华，菜品丰富多样，又自成特色，是著名的"美食之都"。"过早"(武汉独有的早餐文化)和宵夜最为经典。

3. 武汉气候特征

武汉属北亚热带季风性湿润气候，具有常年雨量丰沛、热量充足、雨热同季、光热同季、冬冷夏热、四季分明等特点。

※ 武汉市江汉区新华路218号有韩国驻武汉总领事馆。主管江西省、河南省、湖北省、湖南省四省的申请人提出的签证申请。

金俊成 小导你好，又见面了，这是我的朋友李一凡，他也是第一次来武汉。

李一凡 小导你好，初次见面，这次旅行要拜托你了。

伢 二位好，这次我是"武汉人"，将竭诚为二位服务。

金俊成 哈哈，小导越来越专业了。那我想听听，你打算怎么"竭诚"为我们服务。

伢 武汉号称"大武汉"，有三镇：武昌、汉口和汉阳，所以可去的地方非常多，不知道你们这次打算玩几天？

金俊成 打算来个四天三夜的旅行，感受下武汉的风土人情。

李一凡 我做的旅行攻略主要是博物馆和学校，我想去看湖北省博物馆和武汉大学。

金俊成 我想去江滩看建筑，然后去户部巷吃地道的武汉小吃——热干面、藕汤、三鲜面皮。

伢 看来你们出发前都做了很多攻略。今天我打算安排你们先去汉口江滩感受武汉的近代历史，然后做江轮去武昌的户部巷吃午饭，下午再去湖北省博物馆，晚上去楚河汉街。

金俊成 听起来很不错，那我们什么时候可以去黄鹤楼？我在学校学习过崔颢的诗句"黄鹤一去不复返，白云千载空悠悠"

伢 明天早上就安排去黄鹤楼。不过要记得带好你们的学生证哦，因为学生证可以半价。

金俊成　好的，太令人期待了。

李一凡　事不宜迟，我们马上出发吧。

金俊成　好的，大武汉我们来了！

練習

一、听对话，了解重点：

    1. 武汉有哪些著名景点？

    2. AI小导打算带金俊成和李一凡去哪些地方？

    3. 对话里提到的崔颢诗句的意思你知道吗？

二、如何使用下列表达：

    1. 小导越来越专业了。

    2. 不知道你们这次打算玩几天？

    3. 今天我打算安排你们先去汉口江滩感受武汉的近代历史，然后坐江轮去武昌的户部巷吃午饭，下午再去湖北省博物馆。

黄鹤楼

黄鹤楼位于湖北省武汉市长江南岸的武昌蛇山之巅，濒临万里长江，是"江南三大名楼"之一，自古享有"天下江山第一楼"和"天下绝景"之称。黄鹤楼是武汉市标志性建筑，与晴川阁、古琴台并称"武汉三大名胜"。

黄鹤楼始建于三国时代吴黄武二年(公元223年)，随着江夏城地发展，逐步演变成为官商行旅"游必于是"、"宴必于是"的观赏楼。唐代诗人崔颢在此题下《黄鹤楼》一诗，李白在此写下《黄鹤楼送孟浩然之广陵》，历代文人墨客在此留下了千古绝唱，使得黄鹤楼自古以来闻名遐迩。

黄鹤楼楼外黄铜黄鹤雕像、胜像宝塔、牌坊、轩廊、亭阁等一批辅助景观，将主楼烘托得更加壮丽。主楼周围还建有白云阁、象宝塔、碑廊、山门等建筑。整个建筑具有独特的民族风格，散发出中国传统文化的精神、气质、神韵。它与蛇山脚下的武汉长江大桥交相辉映。登楼远眺，武汉三镇的风光尽收眼底。

回答问题

1. 黄鹤楼位于武汉什么地方？

2. 黄鹤楼始建于何时？

3. 游客为什么喜欢登临黄鹤楼？

综合练习

一、旅行计划

学完本课内容是不是想去武汉旅行呢？如果你有机会去武汉，都想去哪些地方？你将怎么计划自己的旅行？请完成下面的表格。

武汉旅行计划

地点	旅行计划

二、演讲展示

找一处你感兴趣的武汉地标或者场所，写一个简明的介绍，字数300-600字，并制作PPT在班级演讲展示。时间为15-20分钟。

例如：湖北省博物馆，楚河汉街，江滩等

三、思考问题

1. 通过本课的学习，你认为武汉是一座怎样的城市？

2. 无论国内还是国外，你所了解的城市当中有和"武汉"相似的吗？请介绍一下。

一、武汉长江大桥

武汉长江大桥位于湖北省武汉市,横卧于汉阳龟山和武昌蛇山之间的长江江面之上,是长江上第一座铁路、公路两用桥,因此又被称为"万里长江第一桥"。

武汉长江大桥的建设规划始于1910年代,由1913年至1948年间曾先后四次进行长江大桥的勘测、选址和设计,但几次规划都因经济、战乱原因而搁置。于1950年起正式开始进行大桥的测量和设计,1955年9月动工建造。由于采用了新的管柱钻孔法取代传统的气压沉箱法,大大加快了大桥的建造速度,使武汉长江大桥竣工日期提前2年,1957年10月正式通车。

武汉长江大桥为双层钢桁梁桥,上层为双向四车道的公路桥,两侧设有人行道;下层为京广铁路复线。大桥自建成以来,一直都是武汉市的标志性建筑,同时也是最著名的旅游景点之一。

二、武汉地铁

武汉地铁(WuhanMetro)是服务于中国湖北省武汉市的城市轨道交通,其首条线路—武汉地铁1号线于2004年7月28日开通运营,使武汉成为中西部地区首座拥有地铁的城市。

截至2020年11月,武汉地铁运营线路共9条,包括1号线、2号线、3

号线、4号线、6号线、7号线、8号线、11号线、阳逻线，总运营里程339千米，车站总数228座，线路长度居中国第7、中部第1。

　　至2024年，武汉将建成12号线等项目，形成共14条线路、总长606千米的地铁网，全面实现"主城连网、新城通线"。

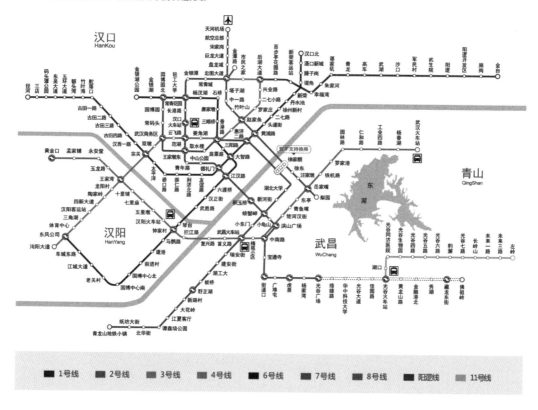

第五课

"星城"长沙

导入

长沙是湖南省的省会，湖南简称"湘"，位于中国中南部，长沙是中国中部地区核心城市。长沙有一个特别的名字"星城"，就是明星很多的意思，因为湖南的电视娱乐文化产业非常发达。

大家好，我是AI机器人导游，现在我变身长沙人啦，你们可以叫我"妹坨"(mèituó)(长沙话：小女孩的意思)。这次金俊成要游览美丽的"星城"长沙，由一位长沙朋友欧阳丹丹陪同。为了让大家能更好地进行游览，我先介绍一下长沙吧：

下面让我们用数字来认识下长沙

- 人口：840万人(2019)
- 总面积：11819平方千米
- 辖区：6个区
- 生产总值(GDP)：11574.22亿元(2019)
- 年均气温：17.2度
- 高等院校：51所

长沙是中国中部的一座大型城市，同时也是集娱乐休闲文艺于一体的宜居城市。下面让妹坨再用几个长沙之最来介绍下长沙：

1. 岳麓书院

   中国历史上赫赫有名的四大书院之一，也是世界上最古老的学府之一，建于公元976年。

2. 素纱襌衣("襌"音dān)

   是世界上现存年代最早、保存最完整、制作工艺最精良、最轻薄的一件衣服，1972年出土于马王堆汉墓，仅重49克。

3. 芙蓉区万家丽国际MALL

   世界上最大的单体建筑，在建筑体量上，比著名的世界第一高楼迪拜哈利法塔总建筑面积还要大，主楼面积达到了38万平方米。

4. 长沙磁悬浮

   中国第一条具有自主知识产权的中低速磁浮交通线路，全场18.7公里，时速每小时80公里。

5. "文和友"餐厅

   最具个性的餐厅，重新构建了长沙上世纪八十年代的生活场景。

看了这些，大家是不是为长沙历史与现代的完美交融而感到震惊呢？下面让我们再来了解下长沙的方言、美食和气候特征。

1. 长沙话

   长沙话，属于湘方言。特点是古全浊声母字舒声字清化为不送气清音，是新湘语的代表方言。湘方言是中国七大方言之一。

2. 湘菜

   湘菜，即湖南菜，在长沙地区又被称为本味菜，是中国历史悠久的八大菜系之一，口味侧重咸、香、酸、辣，常以柴炭作燃料，有浓厚的山乡风味。

3. 长沙的气候特征

   长沙属亚热带季风气候，气候温和，降水充沛，雨热同期，夏冬季长，春秋季短。湿度相对较大，四季分明。

※ 长沙潮宗街楠木厅6号曾经是韩国民族独立运动革命家金九曾居住过的地方，也是大韩民国临时政府(长沙)活动旧址。

金俊成 小导你好,这是我的朋友欧阳丹,她是长沙人。

欧阳丹 俊成,好久不见,欢迎你来长沙。小导你好,很高兴认识你。

妹坨 二位好,我是你们的导游,这次我有一个接地气的长沙名字"妹坨"。

欧阳丹 哈哈,小导你真可爱,你打算怎么安排我们的行程,让我这个"老口子"看看你安排的行程是否地道。

妹坨 我打算带你们先领略长沙千年的历史,去一趟湖南大学里的岳麓书院,然后去坡子街的"火宫殿"吃一吃地道的长沙小吃,喝一杯只有在长沙才能喝到的"茶颜悦色"奶茶。晚上再去解放西路"蹦迪",体验长沙的夜生活。

金俊成 哇,听起来非常有意思,长沙有什么好吃的小吃呀?

欧阳丹 小导真厉害,安排得非常不错。说到长沙小吃最有名的当然是"长沙臭豆腐",不知道你敢不敢挑战呢?

金俊成 我听说臭豆腐"闻起来臭,吃起来香",很想试一试。

妹坨 明天还想带你去看看中国最大的水陆洲,橘子洲,还有马王堆汉墓。

金俊成 橘子洲?是因为有很多橘子吗?哈哈!

妹坨 是的,橘子洲因为有很多橘子而出名,在湘江的中间。

欧阳丹 长沙是一座充满时尚活力的城市,希望你能喜欢,只是我担心我们的湘菜太辣你吃不习惯。

金俊成 你可别忘了，我是韩国人，能吃辣的！

欧阳丹 哈哈，你都还没吃过，不知道有多辣呢。

练习

一、听对话，了解重点：

　　1. AI小导打算带俊成和丹丹去哪些地方？

　　2. 湖南菜又叫什么菜？

　　3. 橘子洲为什么叫橘子洲？

二、如何使用下列表达：

　　1. 喝一杯只有在长沙才能喝到的"茶颜悦色"奶茶。

　　2. 说到长沙小吃最有名的当然是"长沙臭腐"。

　　3. 长沙是一座充满时尚活力的城市，希望你能喜欢，只是我担心
　　　 我们的湘菜太辣你吃不习惯。

岳麓书院

岳麓书院是中国历史上著名的四大书院之一，坐落于湖南长沙湘江西岸的岳麓山脚下。作为世界上最古老的学府之一，其传统的书院建筑被完整保存至今。

北宋开宝九年(公元976年)，官府正式创立岳麓书院。之后，历经南宋、元、明、清各代，至清末光绪廿九年(公元1903年)，岳麓书院与湖南省城大学堂合并改制为湖南高等学堂，沿用书院旧址。

岳麓书院占地面积21000平方米，现存建筑大部分为明清遗物，主体建筑有大门、二门、讲堂、半学斋、教学斋、百泉轩、御书楼、湘水校经堂、文庙等。除建筑文物外，岳麓书院还以保存大量的碑匾文物闻名于世，如唐刻"麓山寺碑"、明刻宋真宗手书"岳麓书院"石碑坊、清刻朱熹"忠孝廉洁碑"等等。

全票30元，学生持证15元(湖南大学教师、学生、新生家长免费)。

回答问题

1. 岳麓书院位于长沙什么地方？

2. 岳麓书院始建于何时？

3. 岳麓书院的独特价值是什么？

综合练习

一、旅行计划

　　学完本课内容是不是想去长沙旅行呢？如果你有机会去长沙，都想去哪些地方？你将怎么计划自己的旅行？请完成下面的表格。

长沙旅行计划

地点	旅行计划

二、演讲展示

　　找一处你感兴趣的长沙地标或者场所，写一个简明的介绍，字数300-600字，并制作PPT在班级演讲展示。时间为15-20分钟。

　　例如：岳麓书院、马王堆、文和友餐厅等

三、思考问题

1. 通过本课的学习，你认为长沙是一座怎样的城市？

2. 无论国内还是国外，你所了解的城市当中有和"长沙"相似的吗？请介绍一下。

城市链接

一、湖南卫视

湖南卫视位于长沙市开福区三一大道上，是湖南广播电视台和芒果传媒有限公司旗下的一套综合性电视频道，于1997年1月1日上星播出。因节目内容兼具时尚潮流，新颖且充满青春活力，成为中国省级电视台里的翘楚。

湖南卫视于1997年推出的娱乐性综艺节目《快乐大本营》一直深受观众喜爱，连续播出23年，经久不衰。2005年举办的女性歌手选秀赛《超级女声》开启了中国的选秀节目时代。湖南卫视也注重国际合作，先后引进了许多韩国综艺节目版权如《我是歌手》、《爸爸去哪儿》等，近年来开始注重节目创新，推出了许多高人气的电视节目。

湖南卫视的台标整体看起来像一个橙黄的芒果，被很多喜欢湖南卫视的观众戏称为"芒果台"。其实是有其寓意的：台标是一个简约圆润的椭圆形轮廓，中间镂空中一个小椭圆缺口，大椭圆象征鱼头，小椭圆象征米粒，蕴含了鱼米之乡的含义，其环行部分黄色与金色的暖调色彩过渡，如初升之旭日，象征湖南电视人求实、开拓、创新、向上的精神风貌。

二、马王堆汉墓

马王堆汉墓，位于湖南省长沙市芙蓉区东郊四千米处的浏阳河旁的马王堆乡，是西汉初期长沙国丞相、轪侯利苍的家族墓地。

马王堆汉墓于1972年~1974年先后进行3次考古发掘，墓葬的结构宏伟复杂，墓葬共计出土1具保存完好的女尸、棺椁、丝织品、帛书等遗物3000余件。马王堆汉墓的发现，为研究汉代初期埋葬制度、手工业和科技的发展及长沙国的历史、文化和社会生活等方面提供了重要资料。

2013年5月3日，国家文物局将马王堆汉墓列入第七批全国重点文物保护单位名单中。2016年6月，马王堆汉墓被评为世界十大古墓稀世珍宝之一。

素纱襌衣("襌"音dān)

第六课

"山城"重庆

导入

大家好，我是AI机器人导游，在重庆你们可以叫我"小妹儿"xiǎomèir(重庆话：小姑娘的意思)。为了让大家能更好地了解重庆、游览重庆，我先给大家介绍下重庆的大概情况。

来源_https://699pic.com

重庆简称"渝"，是中国四大直辖市之一，坐落在长江与嘉陵江交汇处，四面环山，江水环绕。城市依山傍水，层叠而上，既以江城著称，又以山城扬名。由于特殊的地理环境和特殊的气候，重庆还有很多别称，比如因夏长酷热多伏旱而得名的"火炉"；因城市依山建筑而得名的"山城"；而冬春时节的云轻雾重，又名"雾都"。

下面让我们用数字来认识下重庆

- 人口：3124.32万人(2019)
- 面积：82402平方千米
- 辖区：26个区
- 生产总值(GDP)：23605.77亿元(2019)
- 平均气温：17度
- 高等院校：65所

重庆是一座国际性的大都市，而且也是一座具有3000多年悠久历史的文化名城。下面让小妹儿再用几个重庆之最来介绍下重庆：

1. 最大直辖市
   是中国面积最大的直辖市，是一个集大城市、大农村、大山区、大库区为一体的城市。

2. 人口最多的城市
   2019年全国各大城市人口数据排名中，重庆以3000万人口数量排名第一。

3. 万桥之都
   重庆拥有大小桥梁1.3万多座，桥型众多，被称为"万桥之都"，仅长江跨江桥就有36座，居全国首位。

4. 云阳登云梯

　　梯道长1450米，宽30米，垂直高差达200多米，共有梯道1975级，创"世界最长的城市人字梯"世界纪录。

5. 金佛山古佛洞

　　有上下两层洞穴，上层长1072米，面积4.6万平方米，总长1112米，其海拔之高，地质之古老堪称全国之最。

　　看了这些是不是觉得重庆是一个非常有特点的城市呢？下面让我们再来了解下重庆的方言和美食。

1. 重庆话

　　重庆话是一种西南官话。广义的重庆话包含了重庆市管辖范围内的所有西南官话方言；狭义的重庆话指重庆主城区通行的口音，谐趣、幽默。

2. 重庆菜：

　　川菜是中国八大菜系之一，起源于四川、重庆，以麻、辣、鲜、香为特色。重庆菜也称渝菜，更偏重于麻辣口味。

3. 重庆气候特征

　　重庆位于四川盆地东南部，属亚热带季风气候，其特点是:冬季温暖，夏季炎热多伏旱，全年云雾多，日照少，秋季阴雨绵绵。

※　大韩民国临时政府旧址陈列馆位于重庆市渝中区七星岗莲花池38号。大韩民国临时政府于1919年4月成立于上海，1939年迁至重庆。

金俊成	小导你好，很高兴认识你。我想要好好儿研究一下在重庆怎么玩。
小妹儿	您好，我是你的导游，我的名字叫"小妹儿"。我可以帮您做一个旅行计划。
金俊成	哈哈，小导，你可真逗。那么重庆什么地方好玩儿呢？
小妹儿	您算问对人了。重庆的洪崖洞民俗风貌区和朝天门广场都很好玩儿。
金俊成	哦，是吗？给我介绍一下吧。
小妹儿	只要到过洪崖洞的游客，没有不喜欢的。那里有奇异的建筑物，伫立在嘉陵江边，夜晚灯火通明，非常好看。
金俊成	我一定要去看看，感受一下江边的美景。
小妹儿	虽然名为"洪崖洞"，但是这里并不是一座山洞，而是一座最具巴渝传统特色的吊脚楼建筑，已经有2000多年的历史了。独具特色的美景，让人流连忘返。
金俊成	你知道的可真多。
小妹儿	说到玩儿的和吃的，没有我不知道的。
金俊成	那朝天门广场有什么好玩的呢？
小妹儿	在朝天门看嘉陵江注入长江的场面，十分壮观。
金俊成	我现在就想去看看了。
小妹儿	哈哈，你可真是个急性子。不过，重庆的确是一座来了就离不

开的城市。

金俊成 太感谢你的介绍了，我现在先去吃个重庆火锅，然后慢慢品味
这座火辣辣的城市。

练习

一、听对话，了解重点：

   1. 金俊成要去重庆的什么地方？

   2. 洪崖洞民俗风貌区有什么特点？

   3. 在朝天门广场可以看到什么景观？

二、如何使用下列表达：

   1. 只要到过洪崖洞的游客，没有不喜欢的。

   2. 独具特色的美景，让人流连忘返。

   3. 重庆的确是一座来了就离不开的城市。

重庆火锅

有这么一说，到重庆不吃火锅，就不算真正到过重庆。

重庆多山，所以常年阴湿，很少见到太阳，必须吃辣椒驱散身体的寒气，不然关节会持续疼痛。重庆人为了御风寒，驱潮气，就常吃辣椒，久而久之，养成了重辛辣的饮食习惯。

重庆火锅的特点在于麻、辣、烫，就因为这三点才让重庆火锅名扬四海。一是麻：吃火锅时第一个映入眼帘的一定是花椒。二是辣：如果你吃上一口，一定把你辣得直喝水。但是那辣不是枯燥无味的辣，而是会让你觉得很舒服，用重庆话说就是辣得你"巴适"！三是烫：看着锅里那扑哧扑哧冒着泡泡的热汤，你就知道那温度有多高。

作为重庆的美食代表，火锅的麻辣如同重庆人热情豪放的性格，令人难以忘怀！

来源_https://699pic.com

回答问题

1. 重庆人有什么饮食习惯？

2. "巴适"是什么意思？

3. 重庆火锅有什么特点？

一、旅行计划

学完本课内容是不是想去重庆旅行呢？如果你有机会去重庆，都想去哪些地方？你将怎么计划自己的旅行？请完成下面的表格。

重庆旅行计划

地点	旅行计划

二、演讲展示

找一处你感兴趣的重庆地标或者场所，写一个简明的介绍，字数300-600字，并制作PPT在班级演讲展示。时间为15-20分钟。

例如：洪崖洞民俗风貌区、重庆朝天门广场、磁器口古镇等

三、思考问题

1. 通过本课的学习，你认为重庆是一座怎样的城市？

2. 重庆和成都离得很近，你知道这两座城市有什么区别吗？请介绍
   一下。

一、重庆棒棒军

重庆棒棒军是对一个特定群体的称呼，棒棒的产生，源于重庆的特殊地形。依山而建的重庆，素有"山城"之称，整个城区依山而建，出门就爬坡，山高路不平，搬运东西成为难题。

大部分来自农村的这些搬运工，凭借一根竹竿，走上了成为"棒棒"的道路。他们肩上扛着一米长的竹棒，棒子上系着两根青色的尼龙绳，沿街游荡揽活。

棒棒们的工作就是靠一根竹竿挑起山城人的生活，大到家具、电器，小到一把小菜，几斤肉，都是棒棒们的工作，他们承担了城市里最繁重的体力劳动。没有棒棒，就没有重庆的繁华；没有棒棒，城市居民的生活就不会那么方便。不过随着时代的进步，"棒棒军"已越来越少。

二、重庆轻轨

如果想观看漂亮的山城风景，那么坐着轻轨二号线沿江走一圈是不错的选择。

特别是二号线在李子坝站"穿"居民楼而过，山城的复杂地形造就了全国绝无仅有的震撼景象。

李子坝站设计团队负责人叶天义介绍，整个设计过程花了两年，2号线穿越的这栋楼，1楼至5楼是商铺，9楼至19楼是住宅，中间6楼至8

楼是轨道交通区域。

　　"单轨穿楼"观景平台，成为了重庆面向全国的一张独有的"城市名片"。每到李子坝站楼下，就能看到很多游客在这里等待，等待火车冲出的那一刻，拍下美好的瞬间。

来源_https://699pic.com

第七课

"春城"昆明

导入

大家好，小导在昆明叫"小咪渣"xiǎomǐzhā(昆明话小男孩的意思)。这次假期金俊成和妹妹要来美丽的"春城"昆明旅游，来之前他也看了旅行攻略，做了许多准备。但是要想吃得更好、玩得更尽兴，还是得由我这个地道的向导来带路。我首先来给大家介绍下昆明的城市概况吧。

昆明是云南省的省会，云南简称"滇"，位于中国西南部，昆明是中国西南地区的重要城市。昆明有一个特别的名字"春城"，意思是"四季如春"，因为美丽的自然环境，昆明还以著名旅游城市而闻名。

下面让我们用数字来认识下昆明

- 人口：685万人(2019)
- 面积：21473平方千米
- 辖区：7个区
- 生产总值(GDP)：6475.88亿元(2019)
- 年均气温：15度
- 高等院校：51所

昆明是中国西南部的中心城市，也是一座旅游宜居城市，下面让小咪渣再用几个昆明之最来介绍下昆明：

1. 斗南花卉市场
   著名花卉交易中心，亚洲最大的鲜切花交易市场。

2. 春城湖畔高尔夫球俱乐部
   亚洲的高尔夫天堂，是世界最优美的高尔夫球度假村之一。

3. 全球最长公交车
   昆明K15路公交车长18米，是全球在运营公交中最长的。

4. 牛栏江瀑布公园
   位于昆明北部山水新区，高约12.5米，宽约400米，被称为"亚洲第一大人工瀑布公园"。

5. 云南大学
   始建于1922年，是中国西部边疆最早建立的最负盛名的综合性大学。

　　看了这些是不是对昆明更加好奇了呢？下面让我们再来了解下昆明的方言、美食和气候特征。

1. 昆明话
   昆明话是西南官话方言的一种，属西南官话—云南片—滇中小片。

2. 昆明菜
   昆明菜即滇菜，是中国菜体系中民族特色最为突出的一个地方性菜系，具备鲜、咸、香、辣等各种口味，融合了汉族与少数民族饮食文化，别具风格。

3. 昆明气候特征
   昆明属北纬低纬度亚热带—高原山地季风气候，日照长、霜期短、年平均气温15℃，年均日照2200小时左右，无霜期240天以上。气候温和，夏无酷暑，冬无严寒，四季如春，气候宜人。

金俊成 终于放假了，可以出来和妹妹旅行，真开心，小导好久不见呀。这次要叫你"小咪渣"了。

小咪渣 俊成，还有俊成妹妹你们好，我是俊成的老朋友，这次旅行还是由我给大家做向导。

妹　妹 科技真是改变生活呀，越来越方便了。我很好奇，为什么昆明叫"春城"？

金俊成 这个难不倒我，一决定来昆明，我就研究了旅行攻略。昆明的平均海拔有2000多米，平均气温一直在15度左右，"四季如春"，所以叫"春城"。

小咪渣 说得太对了，昆明是一座气候宜人，风景秀丽的城市。

妹　妹 听说很多韩国人来云南旅行，都说昆明的旅游景点非常好，我想知道有哪些好玩的地方。

金俊成 "小咪渣"会给我们规划最佳路线的，与其担心去哪儿，不如想想一会儿吃什么。

小咪渣 是的，我给你们规划了昆明的精品旅游路线，从市区的金马碧鸡坊开始，到周边的石林，包你们满意。

金俊成 我还想知道有哪些美食可以品尝。

小咪渣 说到好吃的，昆明有"过桥米线"和"野生菌火锅"最具特色，今天晚上我们就可以去"打卡"一家网红店。

金俊成 太好了，我最爱去网红店打卡了。

小咪渣　不过网红店一般人很多，咱们得早点出发。

金俊成　那我们赶紧出发吧。

练习

一、听对话，了解重点：

　　1. AI小导打算带俊成和妹妹去哪些地方？

　　2. 昆明被称为"春城"的由来是什么？

　　3. 昆明有哪些值得"打卡"的美食？

二、如何使用下列表达：

　　1. 一决定来昆明，我就研究了旅行攻略。

　　2. 与其担心去哪儿，不如想想一会儿吃什么。

　　3. 不过网红店一般人很多，咱们得早点出发。

过桥米线

古时候，昆明附近的蒙自地区有一小岛，岛上绿树成荫，环境优美。有一位秀才为了考试，在此专心攻读。他的妻子每天从家送饭给他。秀才很爱吃米线，但因他家离岛较远，而且必须走过一道长长的桥方能到达，所以妻子每次送来的米线都因路远时间长而凉了。

一天中午，妻子想到丈夫读书辛苦，就炖了一只又肥又壮的母鸡。鸡炖好后，一层厚厚的黄油覆盖在汤上，又鲜又香。她把鸡肉和鸡汤装入罐中，来到丈夫身边，将米线在鸡汤里一烫，随即捞出放到碗中。米线依然是热的，秀才吃后十分满意。

以后，尽管秀才的妻子天天还要穿小路，过长桥，但因厚厚的油层将汤盖得严严实实，秀才便能顿顿吃上滚热鲜香的米线了。"过桥米线"也就因此得名。

回答问题

1. 过桥米线产自什么地方？

2. 过桥米线是怎么发明出来的？

3. 过桥米线的主要原料有什么？

综合练习

一、旅行计划

　　学完本课内容是不是想去昆明旅行呢？如果你有机会去昆明，都想去哪些地方？你将怎么计划自己的旅行？请完成下面的表格。

昆明旅行计划

地点	旅行计划

二、演讲展示

找一处你感兴趣的昆明地标或者场所，写一个简明的介绍，字数300-600字，并制作PPT在班级演讲展示。时间为15-20分钟。

例如：滇池、石林、民族园等

三、思考问题

1. 通过本课的学习，你认为昆明是一座怎样的城市？

2. 无论国内还是国外，你所了解的城市当中有和"昆明"相似的吗？请介绍一下。

一、云南十八怪顺口溜

你说奇怪不奇怪，云南就有十八怪。

四个竹鼠一麻袋，蚕豆花生数着卖；

袖珍小马多能耐，背着娃娃再恋爱；

四季衣服同穿戴，常年能出好瓜菜；

摘下草帽当锅盖，三个蚊子一盘菜；

石头长在云天外，这边下雨那边晒；

鸡蛋用草串着卖，火车没有汽车快；

小和尚可谈恋爱，有话不说歌舞代；

蚂蚱当作下酒菜，竹筒当作水烟袋；

鲜花四季开不败，脚趾常年露在外。

二、云南石林

　　昆明市石林风景区，又称为云南石林，位于昆明石林彝族自治县境内，距离云南省会昆明78公里。范围达350平方公里。

　　昆明市石林风景区开发为游览区的主要是：石林风景区、黑松岩(乃古石林)风景区、飞龙瀑(大叠水)风景区、长湖风景区。

　　昆明市石林风景区已被联合国文教科评为"世界地质公园"，"世界自然遗产风光"。1982年，经中国国务院批准成为首批国家级重点风景名胜区之一，是国家5A级旅游景区、全国文明风景旅游区。

第八课
"山水甲天下"桂林

导入

大家好，我是AI机器人导游，名字叫阿桂。欢迎大家来到美丽的山水之城桂林，接下来让我带领大家走进桂林，领略其独具特色的魅力。首先我来向大家介绍一下桂林。

来源_https://unsplash.com/s/photos/guilin

桂林地处中国华南，位于广西壮族自治区内。在中国人眼中，这里是山水交融的最高境界，是世外桃源的最佳写照；在世界眼中，这里充满了东方神韵，令人无限向往。桂林千百年来享有"山水甲天下"的美誉。

下面让我们用数字来认识下桂林

- 人口：540万人(2019)
- 面积：27800平方千米
- 辖区：6个区、1个县级市、8个县、2个自治县
- 生产总值(GDP)：2105.56亿元(2019)
- 年均气温：19度
- 高等院校：16所

桂林不仅是美丽的风景旅游城市，也是一座历史文化名城。下面让阿桂再用几个桂林之最来介绍下桂林：

1. 日月双塔中的"日塔"

   位于桂林榕杉湖，是世界上最高的铜塔、最高的铜质建筑物、最高的水中塔。

2. 九天银河

   位于桂林市中心广场南侧，东临漓江，南邻奇景象鼻山，上宽72米，下宽75米，入选2002年大世界吉尼斯之最。

3. 雄森熊虎山庄

   全球最大的虎、熊、狮等珍稀野生动物基地，集观赏、野化、科研

和繁殖于一体。

4. "两江四湖"工程

　　指漓江、桃花江、木龙湖、桂湖、榕湖和杉湖，其环城水系全长7.33公里，水面面积38.59万平方米，是世界上最完整的复古环城水利景观。

5. 靖江王府

　　始建于明洪武五年(1372年)，比北京的故宫还早34年，是中国最完整的明朝藩王府。

　　看了以上桂林之最，是不是很想亲眼目睹一下桂林的美丽和悠久的历史呢？下面让我们再来了解下桂林的方言和美食。

1. 桂林话

　　桂林话是桂林的地方话，属西南官话的一种，在语音、语调等方面同北方方言有某些差异，但语根相同，语义相近，全国许多省份的人都能听懂。

2. 桂林菜

　　桂林自古官宦商旅云集，饮食习惯南北交融。近代以来，桂林菜受湘菜、粤菜、川菜的影响较大，集酸辣的湘菜、清淡的粤菜和麻辣的川菜风味于一体，具有纯朴自然、口味浓郁、酸甜兼容的特点。

3. 桂林气候特征

　　桂林属亚热带季风气候，气候温和，雨量充沛，光照充足，夏长冬短，四季分明且雨热基本同季，气候条件十分优越。

对话

金俊成 阿桂, 阿桂, 请问现在在线吗？

阿 桂 在呢, 请问有什么需要帮助的吗？

金俊成 国庆节期间, 我和家人打算去桂林旅游。听说桂林特别美, 你能为我们设计一个两天一夜的旅程吗？

阿 桂 啊, 你们来得正是时候！秋天是桂林最美的季节, 此时的桂林秋高气爽, 波平如镜, 是看群山倒影的最佳时节呢！

金俊成 啊, 是吗？太好了！那我们可以尽情地游山玩水啦！

阿 桂 第一天上午你们可以去独秀峰王城景区看看, 独秀峰素有"南天一柱"之称, "桂林山水甲天下"这句千古名句就出自独秀峰的崖壁上。登上峰顶可以鸟瞰整个桂林城, 山上建有玄武阁、山下建有月牙池等景观。

金俊成 以前学中文的时候, 就学过"桂林山水甲天下", 这次终于有机会一睹真容了！

阿 桂 下午你们可以去象山景区游览。象鼻山原名漓山, 山的形状因酷似一只站在江边伸鼻饮水的巨象而得名, 因此被人们视为桂林山水的象征。

金俊成 竟然有像大象一样的山, 我还是第一次听说, 一定要去亲眼看看。

阿 桂 第二天你们可以去漓江游玩儿。"桂林山水甲天下"指的就是漓江的山水, 记得一定要乘船游览, 这样才能更真切地感受到什么是真正的"舟行碧波上, 人在画中游"。

金俊成　听着真让人心动和向往，这次爸妈来桂林，一定不虚此行！

阿　桂　游览完漓江后，下午可以到阳朔西街那边去逛逛。西街有1400
多年的历史，保留着很多桂北明清时期风格的建筑。沿街也有
很多小店，装修风格大多是中西合璧。晚上可以就在西街那儿
吃饭，那边有许多酒吧，是享受桂林夜生活的好地方！

金俊成　那太好了！晚上可以和爸妈在那儿好好儿休息放松一下啦！真
是太感谢你啦，阿桂！

阿　桂　不客气啊，只要用心体会，桂林处处都是美景呢，祝您和家人
在桂林旅行愉快！旅行中如果遇到任何问题，请随时联系我，
我非常愿意为您提供帮助。

练习

一、听对话，了解重点：

1. 象鼻山因什么而得名？

2. "桂林山水甲天下"具体指的是哪里的山水？

3. 西街保留着什么时期的建筑？

二、如何使用下列表达：

1. 象鼻山的形状因酷似一只站在江边伸鼻饮水的巨象而得名。

2. 象鼻山被人们视为桂林山水的象征。

3. 西街有1400多年的历史，保留着很多桂北明清时期风格的建筑。

漓江

漓江自桂林至阳朔约83千米水程,酷似一条青罗带,蜿蜒于万千奇峰之间。沿江风光旖旎,碧水萦回,奇峰、深潭、喷泉、飞瀑参差,构成一幅绚丽多彩的画卷,人称"百里漓江、百里画廊"。

桂林至阳朔之间,是岩溶峰林峰丛地貌,河流依山而转,山奇水悠,景色迷人。并且一路走来,景色时时变换,让人惊喜连连。游览漓江,还有一个绝妙之处,就是不愁天气变化,因为不同的天气下漓江景色有不同特点:晴天,看青峰倒影;阴天,看漫山云雾;雨天,看漓江烟雨。

古今中外,不知多少诗人为漓江的绮丽风光写下了脍炙人口的优美诗文。唐代诗人韩愈曾以"江作青罗带,山如碧玉簪"的诗句来赞美这条如诗似画的漓江。

回答问题

1. 漓江最美的风景是从哪里到哪里？

2. 漓江为什么被称作"百里画廊"？

3. 唐代诗人形容漓江的诗句是什么？

一、旅行计划

学完本课内容是不是想去桂林旅行呢？如果你有机会去桂林，都想去哪些地方？你将怎么计划自己的旅行？请完成下面的表格。

桂林旅行计划

地点	旅行计划

二、演讲展示

找一处你感兴趣的桂林地标或者场所，写一个简明的介绍，字数300-600字，并制作PPT在班级演讲展示。时间为15-20分钟。

例如：漓江、阳朔西街、象鼻山、独秀峰等

三、思考问题

1. 通过本课的学习，你认为桂林是一座怎样的城市？

2. 无论国内还是国外，你所了解的城市当中有和"桂林"相似的吗？
   请介绍一下。

城市链接

一、人民币图案里的桂林

1999年10月1日，在中华人民共和国建国50周年之际，中国人民银行发行了第五套人民币，把人民大会堂、长江三峡、杭州西湖、泰山绝顶和桂林山水等充分表现中国悠久历史和壮丽山河的图案印制在新版人民币的背面。

然而和其他面值人民币不同的是，20元人民币背景图案中的桂林山水没有选择驰名中外的象鼻山、独秀峰、日月双塔、九天银河，而是选择了阳朔兴坪这个连很多桂林人都不知道的元宝山，究竟是什么原因呢？

桂林山水处处都是奇观美景，而元宝山的特别之处在于它浑然天成的山高与水宽的比例，非常接近神奇的0.618:1的黄金分割比。公元5世纪，古希腊哲学家发现，黄金分割比能够给人带来极为强烈的愉悦感和审美价值。古希腊的很多神庙，还有达芬奇的名作《蒙娜丽莎》都参照了黄金分割比。桂林元宝山的山高与水宽，不得不说是大自然鬼斧神工的奇迹。

来源_作者摄影

二、桂林三宝

桂林三宝是中国广西壮族自治区桂林市的三种特产的总称，分别为桂林三花酒、桂林豆腐乳和桂林辣椒酱。

桂林三花酒是中国传统米香型白酒的代表，有米酒之王的美誉，是桂林人的骄傲。桂林三花酒以其悠久的历史和优良的品质，备受中外游客的喜爱。三花酒之所以优质，不仅是因为采用了清澈无杂质的漓江水和质量上乘的大米，还因为桂林冬暖夏凉的岩洞所构成的特殊贮存条件，使得三花酒味道浓郁芳香。

桂林豆腐乳是中国白腐乳的代表，民间流传着这样的说法："桂林山水甲天下，山水豆腐香万家"。在宋代时期，桂林的豆腐乳就已名声在外。桂林豆腐乳历史悠久，制作工艺细腻严谨，选材讲究，制作出的豆腐乳快细滑松软，味道鲜美奇香，有助于肠胃消化，受到了千万家庭的喜爱。

桂林辣椒酱以其独特的风味，不仅在中国大陆备受好评，而且畅销至港澳台和东南亚地区。桂林辣椒酱通常选用优质的红辣椒和大蒜头等材料，将其剁碎后，拌入豆豉，再加入三花酒和细盐等调味料，装入坛中密封保存，数月之后即可开坛享用。

来源_作者摄影

去桂林旅游之际，怎可错过这美味无比的桂林三宝呢？

| 主编 |

侯文玉

中國 延邊大學校 學士 卒業
延世大學校 碩士 卒業
中國 上海外國語大學校 博士 卒業
中國 同濟大學校 言語學 副教授
慶熙大學校 孔子學院 中國院長

刘运同

中國 中山大學校 學士 卒業
中國 北京言語大學校 碩士 卒業
中國 上海外國語大學校 博士 卒業
中國 同濟大學校 言語學 教授

| 监修 |

裵宰奭

延世大學校 學士 卒業
美國 The Ohio State University 碩士 卒業
中國 南京大學校 博士 卒業
慶熙大學校 中文學科 教授
北京大學校 客座 教授
韓國中國言語學會 會長
慶熙大學校 孔子學院 韓國院長
國際韓國語應用言語學會 副會長

중국도시 명함 第二册

초판 인쇄 2021년 2월 15일
초판 발행 2021년 2월 26일

主　编 | 侯文玉 · 刘运同
编　者 | 王思宇 · 王娟 · 刘寒蕾 · 夏维 · 张露
封面设计 | 陆熠
监　修 | 裵宰奭
펴 낸 이 | 하운근
펴 낸 곳 | 學古房

주　소 | 경기도 고양시 덕양구 통일로 140 삼송테크노밸리 A동 B224
전　화 | (02)353-9908 편집부(02)356-9903
팩　스 | (02)6959-8234
홈페이지 | www.hakgobang.co.kr
전자우편 | hakgobang@naver.com, hakgobang@chol.com
등록번호 | 제311-1994-000001호

ISBN 979-11-6586-145-2 93720

값: 10,000원